DISCOURS

prononcé sur la tombe de M. [illegible]

de

CHARLES GÉRARD

Avocat à la Cour d'Appel

Par M. DEPÉRONNE

Bâtonnier de l'Ordre

NANCY

[illegible imprimerie]

1897

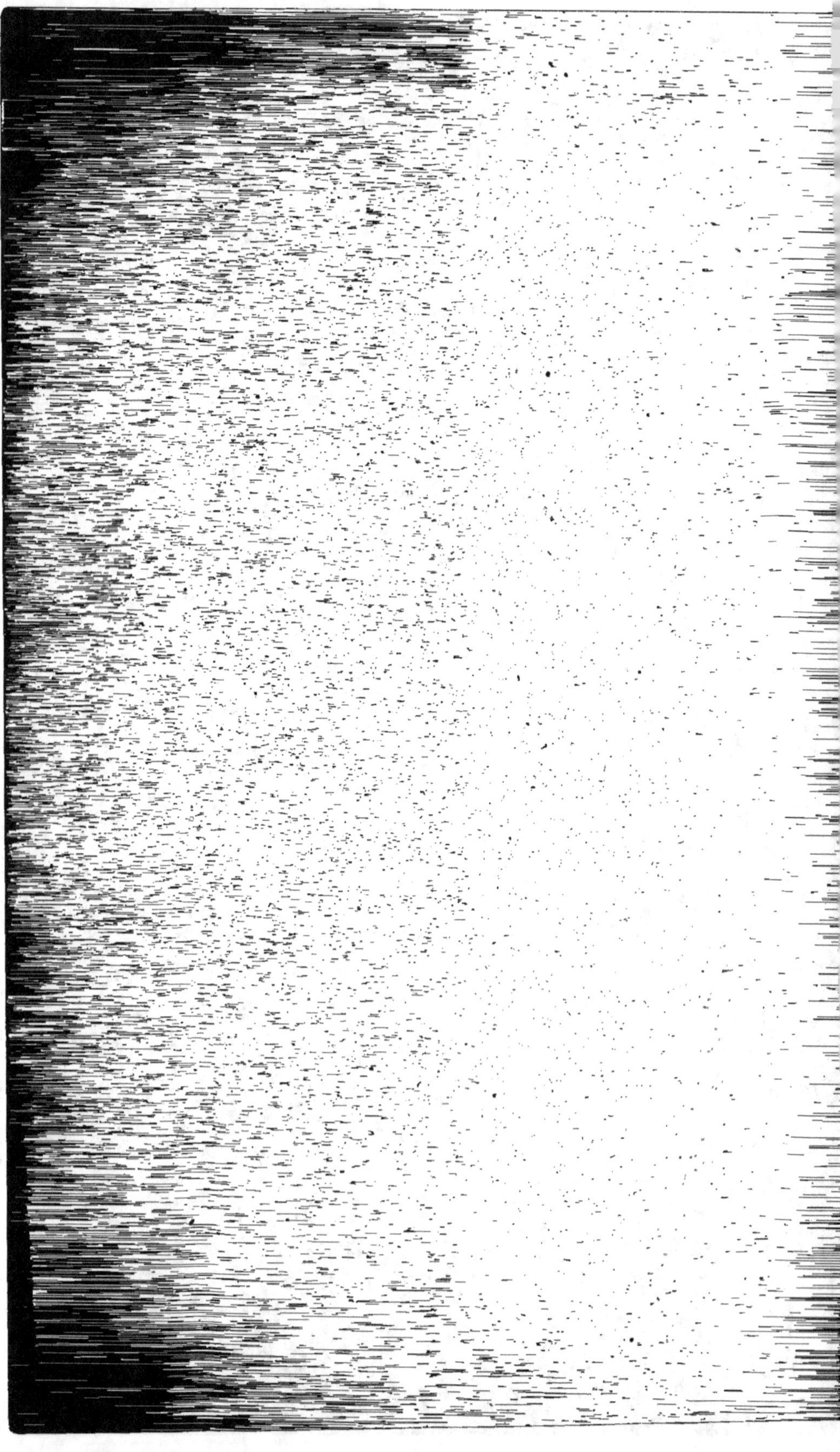

DISCOURS

PRONONCÉ LE 26 JUILLET 1877 SUR LA TOMBE

DE

CHARLES GÉRARD

Avocat à la Cour d'Appel

PAR Mᵉ DEPÉRONNE

Bâtonnier de l'Ordre

NANCY

IMPRIMERIE NANCÉIENNE, 1, RUE DE LA PÉPINIÈRE

1877

DISCOURS

PRONONCÉ LE 26 JUILLET 1877 SUR LA TOMBE DE

CHARLES GÉRARD

Avocat à la Cour d'appel

PAR Mᵉ DEPÉRONNE

BATONNIER DE L'ORDRE

C'était, Messieurs, une belle intelligence que celle qui vient de s'éteindre, et à la hauteur de cette intelligence, il faut placer la bonté et l'excellence du cœur de celui que nous pleurons.

L'homme de bien que nous accompagnons, le cœur plein de regrets, au champ du repos, était un des trop rares représentants de ces natures vigoureuses, ardentes, avides de sciences, et chez lesquelles la variété des connaissances s'allie à leur profondeur et à leur solidité.

Charles – Alexandre – Claude GÉRARD est né à Longwy : il nous est enlevé à 63 ans, dans toute la plénitude de ses facultés, dans la maturité complète, mais verte encore, de son talent.

Son corps, qu'une maladie, trop longtemps ignorée, affaiblissait depuis plusieurs années déjà, portait seul la trace trop hâtive de l'âge, mais jamais on n'a pu remarquer la moindre défaillance dans son esprit.

Son jugement toujours sûr, sa pensée toujours nette, son expression toujours juste ont été jusqu'au dernier jour les preuves éclatantes de la vigueur inaltérée des brillantes qualités qui le distinguaient.

Que j'étais loin de prévoir le douloureux spectacle de cette tombe qui va se refermer sur celui dont on peut dire : *Vir bonus dicendi peritus*, lorsqu'ensemble, à Strasbourg, de 1841 à 1844, nous suivions les cours de droit et commencions les études qui devaient remplir nos carrières.

GÉRARD y apportait déjà un esprit de critique et de discussion remarquable, développé par les luttes du journalisme auquel il avait appartenu dans les premières années de sa jeunesse.

C'est à Colmar que GÉRARD se fixa ; et dans ce barreau qui comptait tant d'avocats remarquables, il avait, avant même que son stage fût terminé, su marquer sa place.

Sa dialectique puissante, l'élégance de sa diction, la finesse de son esprit, faisaient de ses plaidoiries dites avec une bonhomie charmante, des modèles de discussion, dont l'aridité parfois nécessaire n'était jamais fatigante ; car il les émaillait par les souvenirs littéraires les plus heureux, les saillies et les à-propos les plus inattendus.

La révolution de 1848 l'arracha aux luttes de l'audience.

Successivement sous-préfet à Alkirck et à Saverne,

il apporta dans ses nouvelles fonctions toujours délicates, et surtout dans les moments qui succèdent aux agitations politiques, un esprit de justice et de conciliation que ses adversaires eux-mêmes ne pouvaient s'empêcher de reconnaître.

La réputation qu'il avait acquise à Colmar comme avocat, à Alkirck et à Saverne comme fonctionnaire administratif, jointe aux idées libérales dont il fut toujours le partisan, le désignaient aux suffrages des électeurs lors de la réunion de l'Assemblée législative de 1849.

Plus de 60,000 voix l'envoyèrent siéger à la Chambre, où il prit place dans les rangs de ces hommes sages, mais libéraux sincères, qui, sans transiger avec leur conscience et le devoir, leurs seuls maîtres, savent être fermes sans témérité, et provoquer sans terreur puérile des réformes nécessaires.

Un événement dont l'histoire est juge, renvoya GÉRARD aux fatigues du barreau.

La place que, trois ans auparavant, il avait laissée vide, il la retrouva, mais pour s'élever bientôt au premier rang, sans faire de jaloux, car il était si bon, si affectueux, si sympathique à tous !!! Lui demander un service c'était lui donner le bonheur d'obliger.....

Sans faire d'envieux, car toujours simple, modeste, il dut à son mérite personnel, à son travail et jamais à la brigue, toutes les distinctions qu'il obtint, tous les titres que ses confrères, ses concitoyens et les nombreux admirateurs de son talent lui ont donnés.

Plusieurs fois élu bâtonnier, nommé membre du Conseil municipal de Colmar, lauréat de l'Académie française pour ses ouvrages dont l'un, l'*Alsace à Table*, réimprimé à la demande d'un de ses amis, n'attendait plus pour nous être remis, que nos noms tracés par sa main, GÉRARD était pour le talent le Berryer du barreau de Colmar.

Sa position, il la devait à lui-même, et la haute estime que la Cour faisait de lui, n'était que la juste récompense de son honorabilité, de sa délicatesse et du précieux concours qu'il prêtait à la justice, par ses loyales et savantes plaidoiries.

Il était heureux de cette grande situation, que la considération publique lui avait faite, quand il reçut au cœur une de ces blessures qui ne guérissent point.

De l'Alsace, fille de la France, il avait fait sa seconde patrie.

Dire avec quelle tendresse filiale il l'aimait, je ne le saurais faire.

Demandons-le à ses travaux, à ses recherches de tous les documents lentement et si péniblement amassés sur l'histoire de ces pays, *sur les artistes qui les ont illustrés, sur la faune de leurs montagnes.*

C'est en recueillant ces trésors, en les classant, en publiant le fruit de ses veilles, dérobées à l'étude du droit, mais sans que les causes nombreuses dont il était chargé en aient jamais souffert, qu'il charmait ses loisirs et acquérait de nouveaux titres aux distinctions universitaires qu'il reçut avec le titre d'officier d'Académie.

Hélas ! cette Alsace aimée, cette enfant de notre patrie, elle nous fut arrachée, et GÉRARD vint chercher sur la terre restée française un adoucissement à sa douleur, au milieu de nous qui savions la comprendre, parce que nous la partagions.

Douleur inconsolable ! ! Rien ne remplace la patrie qu'on s'est faite ; on la quitte par devoir, quand un autre drapeau flotte sur ses édifices, mais on en meurt.

En vain le plus affectueux accueil témoigna à GÉRARD la sympathie de ses nouveaux concitoyens ; — en vain ses confrères s'empressèrent d'appeler au conseil de notre ordre l'exilé qui nous apportait le brillant débris du barreau de la Cour de Colmar. En vain se trouva-t-il bientôt à Nancy au premier rang ; aimé de tous, estimé, apprécié, recherché par ces sociétés et ces compagnies qui s'honorent et s'illustrent par le choix qu'elles font de tels hommes, GÉRARD tournait toujours vers l'Alsace perdue ses yeux mouillés de larmes, il en parlait sans cesse, et le souvenir de son bonheur passé empêchait le temps de cicatriser la blessure de son cœur.

Ce n'est pas que son esprit fin, légèrement gaulois, je devrais dire plutôt *toujours* attique, l'ait jamais quitté.

Nous qui l'entendions souvent, dites-le, Messieurs, n'était-ce pas jour de fête au palais, quand GÉRARD plaidait. Que de science du droit, que de force, que d'esprit, que de finesse naïve, que de verve, et avec cela que de calme ! C'était l'athlète confiant dans sa force, qui semble oublier un instant son adversaire, sûr de reprendre la victoire quand il jugera le moment venu.

Mais, vous vous le rappelez, il y avait aussi en lui je ne sais quelle teinte de mélancolie et de tristesse, qui contrastait avec son affabilité habituelle, avec sa gaîté parfois bien franche ; comme un sanglot qui s'échapperait au milieu d'un récit attrayant et plein de charmes.

Tout cela n'est plus, le confrère que nous avons perdu est un de ceux que l'on ne remplace pas ; aussi, le souvenir que j'évoque ne peut qu'augmenter nos regrets.

Puisse l'expression de ceux qu'éprouve le barreau tout entier, adoucir la douleur d'une famille qui vient de faire la plus irréparable des pertes, et qu'une séparation éternelle prive du meilleur des époux, du plus tendre des pères.

Pour moi, Messieurs, avant de quitter cette tombe, permettez-moi de dire, en empruntant à nos souvenirs d'école un mot par lequel il m'appelait et qui m'allait au cœur : « Adieu, mon vieux camarade ; »

Et, me faisant l'interprète de tous ceux qui l'ont connu, de dire : Adieu, Gérard ; adieu, notre ami. »

Imp. Nancéienne, 1, rue de la Pépinière. Directeur, GÉBHART.

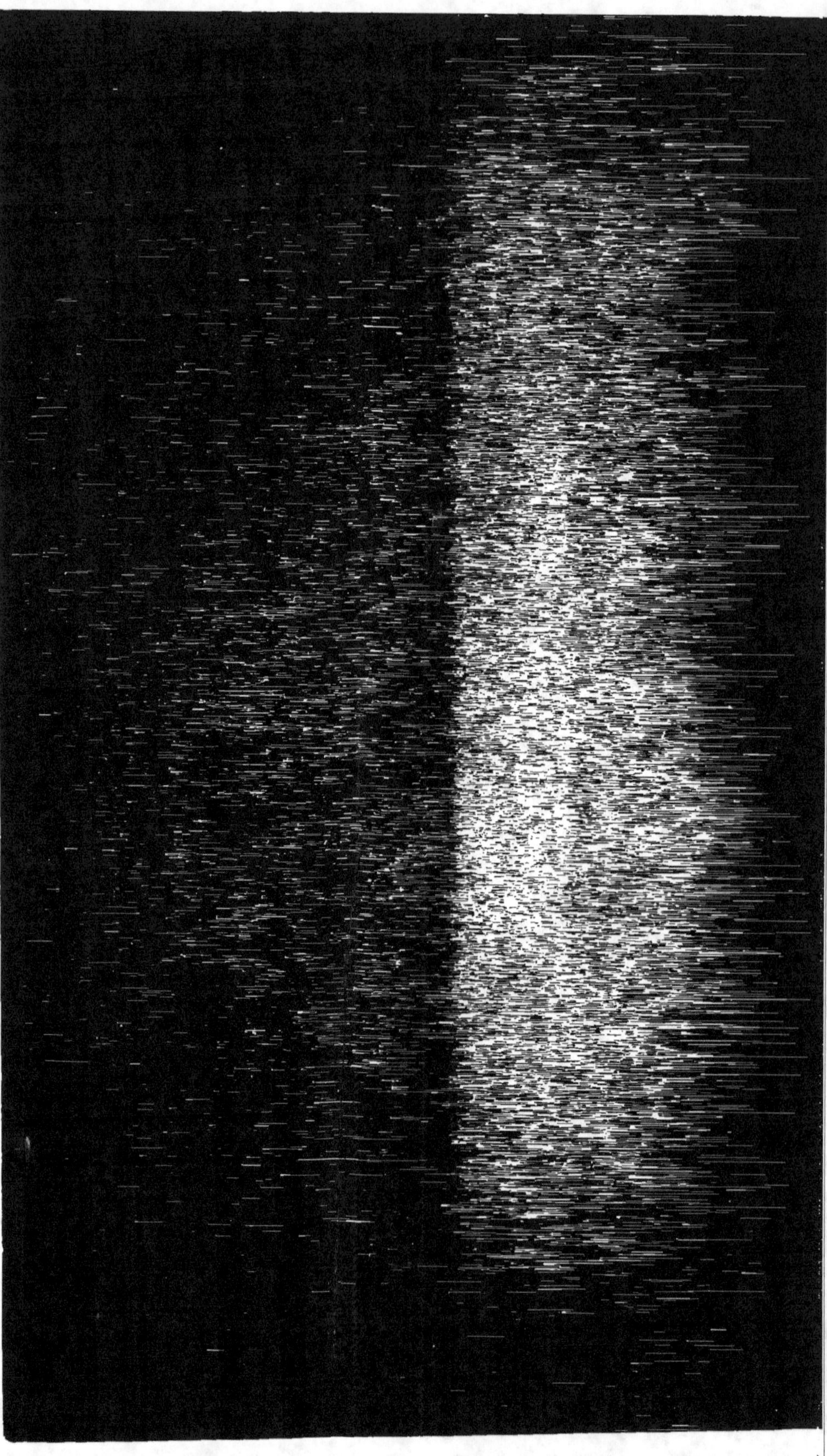